AF235924

Stress Ade

Raus aus dem Überlebensmodus, zurück in die Balance

oder

30 Minuten, die dein Leben ändern

Sabine Reischl

Stress Ade

Raus aus dem Überlebensmodus, zurück in die Balance

oder

30 Minuten, die dein Leben ändern

Sabine Reischl

Impressum

Die im Buch veröffentlichten Ratschläge wurden mit größter Sorgfalt und nach bestem Wissen von der Autorin erarbeitet und geprüft. Die Haftung der Autorin bzw. des Verlages und seiner Beauftragten für Personen-, Sach- oder Vermögensschäden ist ausgeschlossen.

Das Werk, einschließlich aller seiner Teile, ist urheberrechtlich geschützt. Jede Verwertung ist ohne Zustimmung unzulässig. Das gilt insbesondere für Vervielfältigungen, Übersetzungen, Mikroverfilmungen und die Einspeicherung und Verarbeitung in elektronische Systeme.

Bibliografische Information der Deutschen Nationalbibliothek: Die Deutsche Nationalbibliothek verzeichnet diese Publikation in der Deutschen Nationalbibliografie; detaillierte bibliografische Daten sind im Internet über http://dnb.dnb.de abrufbar.

Lektorat: Vorname Name oder Institution
Korrektorat: Vorname Name oder Institution
weitere Mitwirkende: Vorname Name oder Institution

Herstellung und Verlag: BoD – Books on Demand, Norderstedt

ISBN: 978-3-7534-2388-3

by

Sabine Reischl

www.sabine-reischl.com

Inhaltsverzeichnis

Vorwort

Mit diesem Büchlein möchte ich dir eine kleine Hilfestellung mit an die Hand geben, wie auch du es schaffen kannst, deinen Weg raus aus dem Überlebensmodus und hinein in die Balance zu finden. Schenke dir wieder einen liebevolleren Umgang mit dir selbst!

Seit ich mich mit den Themen der Psychologie und dem Coaching im Bereich der Persönlichkeitsentwicklung beschäftige, ist mir zunehmend aufgefallen, dass sich die meisten Menschen überwiegend im „Außen" befinden und kaum noch einen wirklichen Zugang zu ihrem „Inneren" haben.

Wie viele leben einfach unbewusst ihr Leben, ohne wirklich zu leben?

Meiner Meinung nach sind sehr viele in der Gesellschaft gefangen und finden einfach keinen Zugang mehr zu sich selbst. Mal ehrlich, wer macht sich nicht ständig Gedanken darüber, was ist, wenn…? Gerade in herausfordernden Zeiten, wo u. a. auch Existenzängste eine große Rolle spielen, funktionieren viele einfach nur noch, leben aber nicht mehr! Oft scheint es, als wären sie in der Schockstarre gefangen.

Aus diesem Grund habe ich es mir zur Herzensaufgabe gemacht, so vielen wie nur möglich mein

Wissen zur Verfügung zu stellen, um das Leben neu auszurichten.

Es ist an der Zeit, dass sich unsere Weltanschauung wieder ändert und wir wieder ein selbstbestimmtes Leben anstreben, um eine neue Ebene des Bewusstseins zu erreichen.

Es freut mich sehr, dass du mein Büchlein in Händen hältst und verspreche dir, dass sich dadurch deine Denkweise ändern wird und du anfängst, dein eigenes Leben wieder stressfreier zu gestalten.

In diesem Buch schenke ich dir auch sehr viel Freiraum, dir deine eigenen Gedanken machen zu können. du wirst Dich immer mehr hinterfragen und so auch deinen persönlichen Lebensweg finden. Das wünsche ich dir von Herzen!

Über mich

Mein Name ist Sabine Reischl, Brainsibilitäts-Expertin und stolz darauf, selbst ein Brainsibelchen zu sein!

Wenn ich meinen Werdegang in einem Satz beschreiben müsste, würde dieser so lauten:

„Vom Mauerblümchen zur erfolgreichen Powerfrau!"

Ich liebe das Leben und das Leben liebt mich! Das konnte ich viele Jahre nicht von mir behaupten. Depressionen und Ängste waren lange Zeit meine besten Freunde, welche mein Leben für mich lebten. Unbewusst war ich nur Zuschauer meines eigenen Films! Erst als ich mich auf meine persönliche Reise der Persönlichkeitsentwicklung begab, viele Ausbildungen in den Bereichen Psychologie, Mentaltechniken, Gehirnforschung und diverse Coaching- und Trainerausbildungen sowie meine eigenen Erfahrungen dazu machte, verstand ich im Laufe der Zeit die Lebensregeln und fand zu mir selbst. Ich hatte viele Masken (Schutzmechanismen), die ich nach und nach ablegen konnte, um meinen wahren Kern und somit mich selbst zu finden.

Die Erkenntnis, dass ich mich meist mit meinen eigenen Gedanken und gewohnten Denkmustern selbst sabotierte und mir dadurch selbst im Weg stand, öffnete mir die Augen, dass nicht die Welt „schlecht" ist, sondern meine Denk- und Verhaltensmuster die Kontrolle über mich hatten und nicht umgekehrt. Ich wurde also von meinen Gedanken gelebt!

Das Wissen über die Funktionsweise des Menschen und die Entstehung unserer Denk- und Verhaltensmuster gebe ich heute mit großer Freude an meine Klienten/Klientinnen weiter, damit auch sie ihren Weg in ein selbstbestimmtes Leben finden.

Mein Herzenswunsch ist es, so vielen wie möglich dabei zu helfen, ein anderes Verständnis für sich selbst und die Welt zu bekommen. Denn haben wir die Macht über unsere Gedanken zurück und können diese bewusst kontrollieren, lösen sich viele Probleme wie von alleine.

Heute unterstütze ich vor allem feinfühlige Frauen dabei, authentisch und selbstbestimmt ihr wahres Potential zu entfalten, ohne Selbstzweifel und Versagensängste!

Denn einmal ehrlich. Wie oft passiert es, dass man zwar eine selbstbewusste Maske trägt, aber innerlich zerstört ein Orkan an Zweifeln unser Herz?

Gerade Brainsibelchen nehmen sich gedanklich zu viel zu Herzen und sabotieren so ihren Erfolg!

Was du über das Buch wissen solltest

- Ich habe dieses Buch bewusst so geschrieben, dass es sehr viel Freiraum für die eigenen Gedanken beinhaltet.

- Dieses Buch kann dich emotional aufwühlen und etwas aus der Bahn werfen. Hier möchte ich dich bitten, solltest du diesen Weg nicht alleine gehen wollen, suche dir bitte kompetente Hilfestellung. Keiner muss einen schwierigen Weg alleine gehen!

- Ich gebe dir in diesem Büchlein einige Übungen und Fragen an die Hand, welche ich für mich als hilfreich und gut befunden habe. Da aber jeder Mensch, egal ob brainsibel oder nicht, in seiner Persönlichkeit einzigartig ist, kann es durchaus sein, dass diese nicht für jedermann geeignet sind. Ich möchte dich daher bitten, dir das für dich Beste aus diesem Buch mitzunehmen und umzusetzen.

- In diesem Buch habe ich mich ausschließlich auf das Thema Stress konzentriert, da es derzeit für mich eines der wichtigsten Themen ist.

- Ich möchte auch nochmals ausdrücklich betonen, dass dieses Buch als Hilfestellung gedacht ist und auf keinen Fall eine nötige Therapie oder Behandlung ersetzt.

Kommt dir das bekannt vor?

Ich möchte dir hierin ein besseres Verständnis vermitteln, was Stress mit uns Menschen machen kann und wie sich zu viel Stress über einen zu langen Zeitraum auswirkt. Ich habe absichtlich die „Du"-Form gewählt, weil ich mit dir auf Augenhöhe kommunizieren möchte.

Stress ist mittlerweile ein ständiger Begleiter in unserem Leben geworden. Immer fallen Sätze wie:

„Ich bin so gestresst!"

„Mein Tag könnte 48 Stunden haben und ich würde meine Arbeit trotzdem nicht schaffen!"

„Ich stehe nur noch unter Druck und mir fällt das Abschalten zunehmend schwerer!"

„Selbst nachts kreisen meine Gedanken um die Arbeit, wenn ich schon längst schlafen sollte!"

„Ich wache nachts oft auf und fühle mich, als würde mein Herz herausspringen!"

Oder:

Bist du schnell gereizt oder fühlst dich ohnmächtig?

Bist du ängstlich oder frustriert?

Verspürst du Schuldgefühle oder Scham?

Fährst du schon bei Kleinigkeiten aus der Haut?

All dies sind emotionale Anzeichen für zu viel Stress über einen zu langen Zeitraum! Dein Körper und dein Gehirn sind aus der Balance geraten und befinden sich im sogenannten Notfallmodus (Überlebensmodus).

Dass Stress auf Dauer krank machen kann, wissen wir alle. Das Problem ist aber, dass wir in unserem Alltag oft so „festgefahren" sind, dass wir überhaupt nicht mehr anders können, als weiterzumachen. Wir nehmen uns einfach nicht die Zeit, um einmal auszuspannen, damit sich unser Körper regenerieren kann. Geht ja auch nicht. Wir müssen so viel leisten, um zu überleben!

Aber müssen wir das wirklich?

Nachfolgend erkläre ich dir was Stress bedeutet, wie sich Stress auf unser Gehirn und auch auf unseren Körper auswirkt und was wir tun können, um wieder etwas mehr in die Entspannung zu finden. Viel Spaß beim Weiterlesen!

Was bedeutet Stress eigentlich?

Ein Leben in Stress bedeutet ein Leben im Überlebensmodus. Gehirn und Körper sind im Ungleichgewicht. Stress ist ein angeborener Mechanismus und Teil des autonomen Nervensystems, welcher die Aufgabe hat, die Balance zwischen Körper und Gehirn wieder herzustellen.

In einfachen Worten ausgedrückt bedeutet Stress, dass wir ein Gleichgewicht zwischen Anspannung und Entspannung erschaffen müssen, um gesund und leistungsbereit zu bleiben.

Unter Stress verstehen wir also belastende bzw. bedrohliche Situationen, bei denen wir enorm viel Energie aufwenden müssen, um unser Überleben zu sichern. Hierbei unterscheiden wir drei Arten von Stress:

- **Physischer Stress**

    o Traumata (Knochenbrüche, Prellungen, Wunden)
    o Autounfall
    o Stürze

- **Chemischer Stress**

  - Viren und Bakterien
  - Giftstoffe
  - Allergien (Lebensmittelallergie, Pollenallergie, usw.)

- **Emotionaler Stress**

  - Familientragödien
  - Erziehung (alleinerziehende Eltern)
  - Finanzen und Hypotheken
  - Beziehungsprobleme
  - Konflikte mit nahestehenden Personen oder Chef und Arbeitskollegen
  - uvm.

Da wir nur den emotionalen Stress beeinflussen können, werde ich auch überwiegend nur von diesem im weiteren Verlauf sprechen. Wenn ich also über Stress schreibe, meine ich den emotionalen Stress.

Was passiert in unserem Körper, wenn wir Stress haben?

Erkennt unser Gehirn eine für uns als bedrohlich wirkende Situation, schaltet es um in den Überlebensmodus und wir geraten in Erregung. Sind wir in diesem Modus, mobilisiert unser Körper alle uns zur Verfügung stehenden Energiereserven, damit wir uns vor dieser Gefahr schützen können. Hierfür wird das sympathische (anregende) Nervensystem, ein Teil des autonomen Nervensystems, bzw. der Überlebensmodus aktiviert. Haben wir in diesen Kampf- und Fluchtmodus geschaltet, veranlasst unser Nervensystem alles notwendige, um unseren Körper vor äußeren Gefahren zu schützen. Unser Nervensystem hat jetzt nur noch das Ziel, alle uns zur Verfügung stehenden Ressourcen für den Notfall zu mobilisieren und Energie zu produzieren, um sich auf die Gefahr vorzubereiten. Wenn wir nun all unsere Energie abziehen, um für den Kampf gerüstet zu sein, dann gerät unser Körper aus dem Gleichgewicht. Unser Gehirn schüttet Stresshormone aus, die Pupillen weiten sich, der Speichelfluss wird gehemmt, die Atmung wird schneller, das Herz schlägt schneller, es wird Glukose ausgeschüttet und die großen Muskeln spannen sich an. Zudem fließt sehr viel Blut weg von den inneren Stoffwechselorganen hinein in die Gliedmaßen.

Schließlich müssen wir uns für eine der folgenden drei Optionen rüsten:

- **bleiben und kämpfen**
- **so schnell wie möglich weglaufen (Flucht)**
- **erstarren und verstecken**

Alle Lebewesen können Stress nur kurzfristig aushalten. Ein Hase wird von einem Fuchs gejagt und flüchtet. Der Hase versteckt sich in seinem Bau, in den der Fuchs nicht eindringen kann. Kurze Zeit später, wenn die Gefahr vorbei ist, kehrt der Hase wieder in die Balance zurück und entspannt sich. Er verlässt den Bau und fängt an zu fressen, der Vorfall ist wieder vorbei.

Beispiel:

Stell dir einmal vor, du wirst von einem in Panik geratenen Elefanten verfolgt und dieser kommt immer näher. Wie würdest du reagieren?

Du aktivierst natürlich all deine körperlichen Ressourcen, welche dir zur Verfügung stehen, um davonzulaufen, oder?

Hierbei können zwei Szenarien entstehen:

1. *Du kannst dich in eine Höhle flüchten, in die der Elefant nicht eindringen kann und du kannst dich wieder entspannen, denn du bist in Sicherheit.*

2. *Du flüchtest dich auf einen Baum und der Elefant rennt mit seinem Kopf ständig gegen diesen Baum, um dich herunterzubekommen. Hier würdest du im Notfallmodus bleiben, um alles dafür zu tun, dass du nicht vom Baum fällst.*

Mal angenommen, es ist nicht ein wütender Elefant, der dich vom Baum schütteln möchte, sondern dein Arbeitskollege, der Chef oder eine dir nahestehende Person. Was früher einmal eine sehr anpassungsfähige Reaktion war, wird schnell zu einer Fehlanpassung.

Können wir die aktivierte Stressreaktion über einen langen Zeitraum nicht mehr abschalten und entspannen, dann steuern wir unweigerlich auf Krankheiten zu! Kein Lebewesen kann über längere Zeit in diesem Notfallmodus überleben.

Warum?

Wenn du sämtliche Energiereserven deines Körpers mobilisierst, um einer äußerlichen Gefahr zu begegnen, dann steht keine Energie mehr für die inneren Wachstums- und Reparaturprozesse zur Verfügung. Es gibt keine Energie mehr für langfristige Wiederherstellungsprozesse (Entspannung) und Heilung.

Ein weiteres Problem ist auch, dass die Menschen süchtig werden nach den Auswirkungen von Stress. Stresshormone werden ausgeschüttet, wodurch viel Energie freigesetzt wird. Viele von uns werden quasi zu Energiejunkies! Wenn dies passiert, brauchen sie die Probleme und Lebensumstände, mit denen sie die Abhängigkeit immer wieder bestärken können. Diese Menschen brauchen den belastenden Job oder die unglückliche Beziehung, denn nur so können sie etwas fühlen. Anders formuliert, da Stress zu einem Dauerzustand in unserem Leben geworden ist, haben wir uns mittlerweile so sehr daran gewöhnt, dass wir die mit unserem Stress verbundenen Emotionen (unbewusst) brauchen. Wir müssen diese (negativen) Gefühle haben, damit wir überhaupt noch etwas fühlen können!

Wie lange befindest du dich mittlerweile schon im Überlebensmodus?

Woran erkennst du, dass du im „Notfallmodus" feststeckst?

Welche Emotionen entstehen durch Stress?

Wut, Aggression, Hass, Frust, Ungeduld, Groll, Konkurrenzkampf, Neid, Eifersucht, Furcht und Angst, Sorgen, Leid, Schuldgefühle, Scham, Hoffnungslosigkeit, Ohnmacht...

All diese Gefühle entstehen durch Stresshormone!

Anders ausgedrückt könnte man auch sagen, dass die o. g. Emotionen Symptome von Stress sind. Wenn wir die Ursache, quasi den Stress, beheben, verschwinden auch die Symptome, und schöne Emotionen wie Dankbarkeit, Wertschätzung, Liebe und Fürsorge bekommen wieder einen Platz in unserem Leben.

Mittlerweile hat man herausgefunden, dass manche Menschen 70% ihres Lebens im Überlebensmodus feststecken. Wie bereits erwähnt, richtet man im Überlebensmodus, wegen der Ausschüttung der Stresshormone, die komplette Aufmerksamkeit auf den Körper, denn schließlich wird man ja von einem in Panik geratenen Elefanten verfolgt und da sollte man wirklich an seinen Körper denken! Wenn ihr von einem Elefanten gejagt werdet, schaut ihr euch in der Umgebung nach einem Ort um, wo ihr euch in Sicherheit bringen könnt. Also richtest du deine gesamte Aufmerksamkeit auf dein äußeres Umfeld.

Wenn du nun vom Elefanten verfolgt wirst, wo da draußen gehst du hin?

Wenn du bereits seinen Atem im Nacken spürst, wieviel Zeit bleibt dir noch, um irgendwo hinzurennen?

MERKE:
ENERGIE FOLGT DER
AUFMERKSAMKEIT!

Wenn du also deine ganze Aufmerksamkeit auf dein äußeres Umfeld gerichtet hast, hast du dich von deinem Inneren abgekapselt und findest womöglich auch keinen Zugang mehr. Hast du dich selbst aufgegeben?

Stell dir einmal vor, du bist umgeben von einem unsichtbaren Ballon, welcher dreimal so groß ist, wie du selbst. In diesem Ballon, deinem Energiefeld, befinden sich die Energiereserven, welche dir zur Verfügung stehen. Bist du nun im Notfallmodus, mobilisierst du all deine Energiereserven, und der Ballon um dich herum schrumpft. Gönnst du dir zwischendurch keine Entspannung für Reparaturarbeiten, so dass sich das Feld wieder mit Energie füllen kann, hast du irgendwann keine Energiereserven mehr zur Verfügung und wirst krank. Logisch, oder?

Hier möchte ich noch einmal zurückkommen auf den Energiejunkie. Wenn jemand von der Ausschüttung der Stresshormone abhängig ist und die Probleme und Lebensumstände braucht, um die bekannten und gewohnten Emotionen zu fühlen, dann wird diese Person „süchtig" nach genau dem Leben, welches ihr eigentlich gar nicht gefällt. Durch die Ausschüttung der Stress-hormone richtet die Person den Fokus unbewusst auf die Ursache und sie konzentriert sich nur noch auf Personen, Objekte oder Dinge im Außen, denn dort lauert schließlich die Gefahr.

Im Umkehrschluss bedeutet dies aber auch, wenn wir uns nur auf unser Umfeld und die Außenwelt konzentrieren, können wir unsere eigenen Bedürfnisse nicht mehr wahrnehmen. Wir geben uns selbst auf. Wenn wir uns selbst aufgeben, bemerken wir die kleinen Anzeichen einer möglichen Überforderung erst einmal nicht mehr bzw. ignorieren sie, bis diese immer größer und schlimmer werden (Burnout, Depression usw.).

Worauf bist du fokussiert?

Lebst du oder überlebst du?

Dadurch, dass wir bereits mehr oder weniger an Stress gewohnt sind und dieser fester Bestandteil in unserem Leben ist, muss nicht einmal mehr eine Gefahrensituation eintreten, damit wir diese Stressreaktion erleben.

Es reicht bereits ein einziger Gedanke daran!

Wir Menschen können an unsere Probleme denken und dadurch dieselben chemischen Stoffe aus-schütten, als ob die Bedrohung/Gefahrensituation tatsächlich eintreten würde. So werden wir süchtig nach unseren eigenen Gedanken!

Wenn du immer wieder an dieselben Menschen und Lebensumstände denkst, wirst du danach süchtig, denn es ist dir mittlerweile vertraut. Wie aber soll so etwas Neues geschehen können, wenn du dich nicht auf etwas Ungewohntes einlässt?

Mit anderen Worten: Unser Gehirn hat das Talent, wenn es immer wieder den gleichen Impuls bekommt, diesen Impuls mit den dazugehörigen Emotionen abzuspeichern. Je öfter der Impuls nun kommt, umso automatischer spult es die dazugehörigen Emotionen ab. Hat unser Gehirn den Impuls und die dazugehörige Emotion als Programm abgespeichert, veranlasst es selbständig das abspulen dieses Programms und wir reagieren nur noch auf die verinnerlichten Programme, welche aus unserer Vergangenheit stammen. Wir erleben kaum noch etwas Neues, da unser Gehirn die Führung übernommen hat.

Wer denkt für Dich? Du oder Dein Gehirn?

Es ist auch mittlerweile wissenschaftlich erwiesen, dass uns die Stresshormone beeinflussen können und Krankheiten verursachen.

Wenn wir nur mit unseren Gedanken die Stressreaktion einschalten können, können uns unsere Gedanken auch buchstäblich krank machen! Im Umkehrschluss ist es aber auch möglich, dass uns unsere Gedanken wieder gesund machen, wenn wir die krankmachenden Gedanken erkennen und ausschalten.

Bist du bereit, dein Leben wieder selbst in die Hand zu nehmen?

Was macht unser Gehirn?

Wenn wir in Stress geraten, weil entweder eine unerwartete Situation eintritt, die wir nicht vorhersehen konnten oder wir wahrnehmen, dass etwas schlimmer wird und wir die Kontrolle verlieren könnten, dann lösen wir dadurch die Stressreaktion aus, wie bereits oben beschrieben. Wir konzentrieren uns darauf, dass diese „Vorahnung" zur Realität wird. Anders ausgedrückt, wir schenken dem „Problem" unsere volle Aufmerksamkeit!

In unserem Gehirn ist jeder Person, jedem Objekt, jedem Ding, jedem Körper, jedem Ort ein neuronales Netz zugeordnet, in dem die dazugehörigen Emotionen, Gedanken und Reaktionen abgespeichert sind.

Mit anderen Worten, haben wir mit jeder Person, jedem Ding, jedem Ort, usw. unsere persönlichen Erfahrungen gemacht, die uns auch gefühlsmäßig berührt haben. Mit jeder dieser Erfahrungen haben wir in unserem Gehirn eine Straße angelegt mit allem, was dazugehört. Im Laufe der Zeit hat sich die ursprünglich kleine Straße zu einer großen Autobahn ausgebaut, welche unser Gehirn automatisch fährt, ohne dass wir bewusst darüber nachdenken. Unser Gehirn braucht quasi keine Straßenkarte mehr, um den Weg zu finden. Es fährt einfach ohne zu fragen!

Mit jeder Erfahrung, die wir gemacht haben, ist auch immer eine Emotion verbunden!

Wenn wir die Kontrolle verlieren und sogleich versuchen, diese wieder zurückzugewinnen, versetzen die dabei ausgeschütteten Stresshormone unser Gehirn und unseren Körper in einen Zustand äußerster Alarmbereitschaft. Alles ist darauf ausgerichtet, alles nötige zu tun, um das Überleben zu sichern.

Ist unser Leben wirklich bedroht?

In diesem Zustand des Überlebensmodus wechseln wir mit unserer Aufmerksamkeit vom Chef zum Ehemann, zu den Kollegen, zu den Erledigungen, zum Handy, etc. hin und her. Wir unterscheiden kaum noch, wer oder was nun wirklich bedrohlich ist. Alles, was in unser Sichtfeld kommt, wird als potentieller „Feind" identifiziert. Kurz gesagt, unser Fokus liegt ausschließlich auf unseren Problemen und nicht mehr auf dem derzeitigen Moment. Wir sehen in allem das Negative und glauben das natürlich auch. All dies sind natürliche Reaktionen, da sie tief in uns verankert sind.

Wie bei einem Gewitter werden all diese Schaltkreise im Gehirn aktiviert und sie feuern wie wild durcheinander, und zwar ungeordnet. Mit anderen Worten, unser Gehirn gerät ins Ungleichgewicht und somit tut es auch unser Körper!

Stell dir einmal vor, du machst das jeden Tag und mit der Zeit wird das Gehirn aufgeteilt wie ein Haus, das mit sich selbst uneins ist. Das Gehirn bleibt irgendwann in diesem Zustand höchster Alarmbereitschaft, und du fokussierst deine ganze Aufmerksamkeit auf die Außenwelt und wartest nur noch auf die nächste Gefahr. Du wartest nur noch auf die Zukunft und lässt dich auf emotionaler Ebene voller Furcht, Sorge, Angst und Feindseligkeit auf das zu erwartende Ergebnis ein. Durch das Verbinden dieser Vorstellung von der Zukunft mit den Überlebensemotionen konditionierst du deinen Körper darauf, zum Roboter deiner Emotionen zu werden. Du wirst unbewusst z. B. ängstlich oder feindselig.

Ist das wirklich dein Ziel?

Wie würde sich für dich ein stressärmeres Leben anfühlen?

Was hindert dich daran?

Wenn du wieder zurück in die Balance kommen und ein ausgewogenes Leben zwischen Stress und Entspannung führen möchtest, schaffst es aber im Moment nicht alleine, da du viel zu tief in den Mustern verankert bist und dir so der Blick aus der Vogelperspektive fehlt, scheue dich nicht und suche dir eine kompetente Unterstützung! Mit Unterstützung erreicht man oft schneller das Ziel, weil man sich den einen oder anderen Umweg spart.

Du kannst jedoch jederzeit die Dinge neu bewerten, wenn du bewusst aus dem Überlebensmodus aussteigst!

Ich möchte dir auch jetzt schon kleine Helferlein an die Hand geben, damit du schnell wieder in die Entspannung finden kannst. Auf den folgenden Seiten finden du drei Schritte, welche dich auf deinem Weg zur inneren Balance unterstützen können, wenn du es willst!

Was bedeutet für dich ein Leben in Balance?

_____

_____

_____

_____

_____

_____

Wie würde für dich ein perfekter Tag aussehen? Was siehst du? Was fühlst du?

_____

_____

_____

_____

_____

_____

Auf einer Skala von eins bis zehn, wie hoch ist dein derzeitiges Stresslevel?

_____

_____

_____

_____

_____

_____

Drei Schritte zurück zur inneren Stärke/Balance

Schritt Nr. 1: Atme richtig

Übung: Mit der Atmung zurück zur eigenen Mitte

Setze dich aufrecht und bequem hin. Beachte bitte dabei, dass deine Arme und Beine nicht über Kreuz sind. Stelle deine Füße parallel nebeneinander auf den Boden und spüre den Kontakt. Deine Hände legst du bequem auf deinen Oberschenkeln ab. Atme zwei bis dreimal bewusst tief ein und wieder aus. Schließe langsam deine Augen und atme weiter. Konzentriere dich nun auf deine innere Mitte (Bauchnabelregion) und stelle dir dabei vor, wie du einen Ballon aufbläst. Wenn du eingeatmet hast, hältst du deinen Atem an und atmest nach einigen Sekunden wieder ganz bequem aus. Konzentriere dich während dieser Übung immer auf dein Zentrum und den Ballon, der immer größer wird.

Mache diese Übung mindestens für zehn Minuten oder solange, bis du merkst, dass sich eine Entspannung in dir ausbreitet.

Sinn dieser Übung ist es, dein Gehirn aus dem Notfallmodus zu holen, damit es sich entspannt. Denn solange unser Gehirn auf Notfallmodus geschaltet ist, können wir keine neue Energie gewinnen, die wir aber dringend benötigen, um gesund und leistungsfähig zu bleiben. Darum ist es wichtig, unser Gehirn wieder in den „Normalzustand" zu versetzten, um uns wieder auf uns und unsere Bedürfnisse konzentrieren zu können.

Notizen:

_____

_____

_____

_____

_____

_____

_____

_____

_____

_____

_____

_____

_____

_____

_____

_____

_____

_____

Schritt Nr. 2: Ist-Soll-Analyse

Hast du es geschafft, dich soweit zu zentrieren, dass du wieder klar und sachlich denken kannst, stelle dir die folgenden vier Fragen.

Wichtig hierbei ist es, diese Fragen intuitiv und aus dem Bauch heraus zu beantworten.

Am besten schreibst du dir die Fragen auf einem Blatt Papier vor und lässt dazwischen ein paar Zeilen frei für deine Antworten.

Mach dann eine kurze Pause und etwas Anderes, um deinen Verstand von den Fragen abzulenken.

Nach ein paar Minuten lese dir die erste Frage durch und beginne sofort mit dem Schreiben.

Hier gilt die 3-Sekunden-Regel. Wenn du länger als drei Sekunden überlegst, was du schreiben sollst, schaltet sich dein Verstand ein und antwortet für dich in alt gewohnter Manier mit Hilfe der abgespeicherten Erfahrungen aus der Vergangenheit. Sprich, du antwortest anhand deiner verinnerlichten Programme und Muster und nicht mit deiner Intuition.

Wenn du merkst, dass du länger als drei Sekunden überlegst, gehe weiter zur nächsten Frage und wiederhole den Vorgang.

Wer bin ich im Moment wirklich?

_____
_____
_____
_____
_____
_____
_____
_____
_____
_____
_____
_____

Wo stehe ich im Moment wirklich?

_____
_____
_____
_____
_____
_____
_____
_____
_____
_____
_____

Wer möchte ich SEIN?

_____

_____

_____

_____

_____

_____

_____

_____

_____

_____

Wo möchte ich HIN?

_____

_____

_____

_____

_____

_____

_____

_____

_____

_____

Hast du diese Fragen für dich intuitiv beantwortet, so mache eine kurze Pause. Anschließend lies dir deine Antworten noch einmal genau durch. Welche Erkenntnisse erschließen sich dir daraus?

Diese Standortbestimmung ist wichtig, um dir einen Überblick über die Situation und dein Problem zu verschaffen. Du weißt jetzt, wo du stehst und wo du hin möchtest.

Schritt Nr. 3: Erlerne wieder einen achtsamen Umgang mit dir selbst

Werde zum Beobachter deiner Gefühle, Emotionen und Reaktionen. Versuche mehrmals am Tag deine Aufgaben bewusst durchzuführen.

z. B. beim Kochen:
Nimm bewusst jeden einzelnen Handgriff, der für das Kochen nötig ist, wahr. Fühle, wie sich die Zutaten in den Händen anfühlen, wie sie riechen und schmecken. Wie sieht was aus und welche Geräusche nimmst du wahr?

Am besten sagst du dir auch jeden Handgriff innerlich vor:

„Ich hole jetzt die Karotten aus dem Kühlschrank. Nehme eine davon in die Hand. Sie fühlt sich fest an, die kleinen Wurzeln sind weich und zart. Ich nehme den Gemüseschäler in die die rechte Hand und beginne die Karotte zu schälen... usw."

Diese Vorgehensweise erleichtert es dir, wirklich bewusst bei der Sache zu bleiben.

Je öfter du deine Aufgaben bewusst durchführst, desto mehr integrierst du Achtsamkeit in dein Leben.

Je achtsamer du wirst, desto mehr wird dir bewusst. Je mehr dir bewusst wird, desto öfter kannst du deine Problemsituationen hinterfragen und ändern, falls gewünscht.

WENN DU HERZ UND GEHIRN IN EINKLANG BRINGST, KANNST DU DEIN LEBEN STEUERN!

Notizen:

_____

_____

_____

_____

_____

_____

_____

_____

_____

_____

_____

_____

_____

_____

_____

Möchtest Du wieder entspannt und freudvoll in die Zukunft blicken?

Wünscht Du Dir nicht auch, wieder mehr Freude, Leichtigkeit und Erfolg in deinem Leben zu integrieren?

Bist du bereit, dein Leben selbst in die Hand zu nehmen um Herz und Hirn zu vereinen?

Mein Angebot an Dich:

Jeder von uns ist ein individuelles Schmuckstück und sollte auch so behandelt werden. Deshalb bekommst du bei mir kein Einheits- oder Gruppencoaching, sondern „nur" Intuitiv-Trainings in Einzelsitzungen. Ich nehme Dich mit all meinen Sinnen wahr und versuche, gemeinsam mit Dir, die für Dich besten Lösungen zu finden.

Ich biete Dir daher mein Trainings-Paket: „Der erste Schritt zur Selbstverwirklichung" an.

Das 4-Wochen-Paket beinhaltet:

- 4 Online-Einzelcoachings (à 30 – 45 Minuten)
- individuelle Aufgaben und Übungen
- Impulse und Anregungen
- viel Wissensvermittlung und wertfreie Sichtweisen

Dieses Angebot kann pro Person nur einmal zum Sonderpreis von € 199,– gebucht werden.

Jedes Brainsibelchen ist weit mehr, als nur „Schema F"

Buchtipp für ein selbstbestimmtes Leben:

Lebe endlich selbstbestimmt

Die etwas andere Hilfestellung zur Selbsthilfe
ISBN: 9 7837 3924 4099

Dieses Buch ist eine Mischung aus Fach- und Arbeitsbuch, welches Sie mit ausgewählten Mentaltechniken und Fragen dabei unterstützen soll, Ihren persönlichen Selbstwert zu erkennen und dadurch Ihr Selbstbewusstsein zu steigern. Es soll Ihnen als Stütze dienen, um Ihre persönliche Entwicklung eigenverantwortlich voranzutreiben.
Lernen Sie sich und Ihre Potentiale kennen und finden Sie Ihren persönlichen Weg in ein selbstbestimmtes Leben, mit dieser etwas

anderen Hilfe zur Selbsthilfe!

Durch die Ausbildungen zum Psychologischen Berater, zum Sport Mental Coach Professional und zum zertifizierten pferdegestützten Coach hat Sabine Reischl, geb. 1980 in Passau, ihren eigenen Selbstwert erkannt und konnte so ihr Selbstbewusstsein steigern. Auch ihr Pferd Roxy unterstützte sie auf diesem Weg und forderte sie immer wieder von neuem auf, in ihrer Persönlichkeit zu wachsen.
Als pferdegestützter Mentalcoach unterstützt Sabine heute viele Menschen auf derem Weg und bietet Unterstützung in der Persönlichkeitsentwicklung. Roxy ist heute nach wie vor der beste Lehrmeister für Sabine und unterstützt sie im Coaching als Co-Coach.

Sabine Reischl

Lebe endlich selbstbestimmt

Die etwas andere Hilfestellung zur Selbsthilfe

Sabine Reischl